Impressum
Verlag: BABADADA GmbH, Nedderfeld 112 , 22529 Hamburg
Geschäftsführer / Verlagsleitung: Harald Hof
Druck: Books on Demand GmbH, In de Tarpen 42, 22848 Norderstedt

Imprint
Publisher: BABADADA GmbH, Nedderfeld 112 , 22529 Hamburg, Germany
Managing Director / Publishing direction: Harald Hof
Print: Books on Demand GmbH, In de Tarpen 42, 22848 Norderstedt, Germany

skole

escola

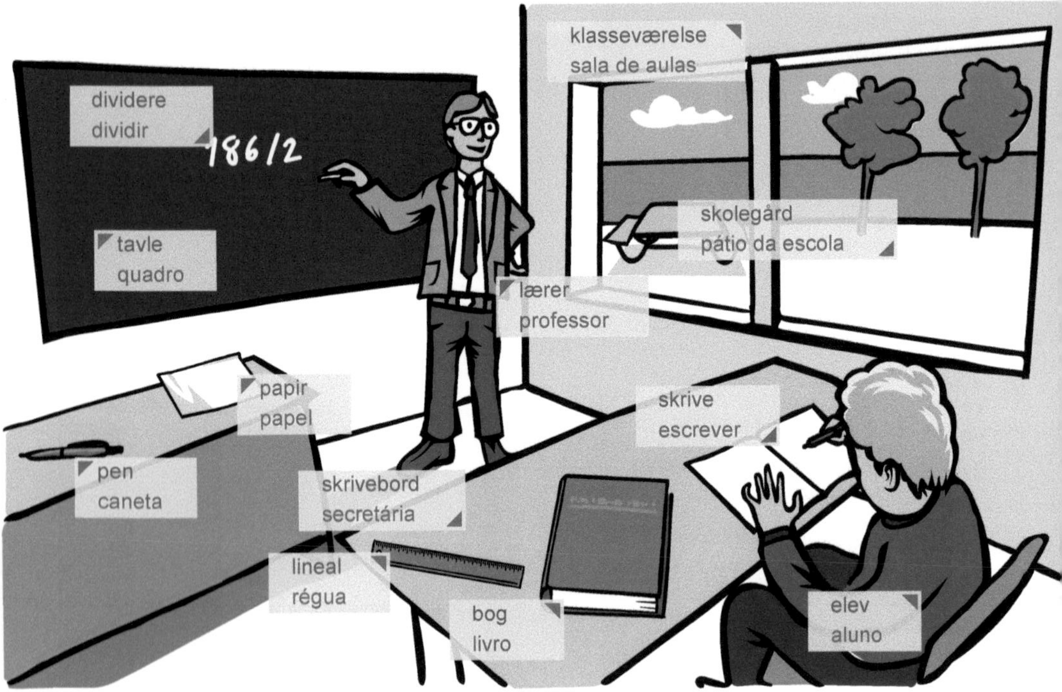
klasseværelse
sala de aulas
dividere
dividir
186/2
tavle
quadro
skolegård
pátio da escola
lærer
professor
papir
papel
skrive
escrever
pen
caneta
skrivebord
secretária
lineal
régua
bog
livro
elev
aluno

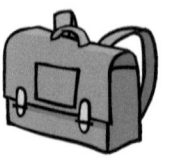

skoletaske

mochila

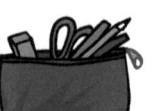

penalhus

estojo de lápis

blyant

lápis

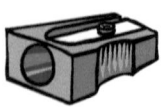

blyantspidser

afia-lápis

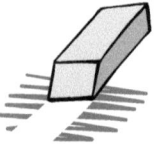

viskelæder

borracha

tegneblok

bloco de desenho

tegning

desenho

pensel

pincel

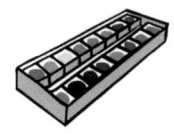

æske med vandfarver

caixa de tintas

saks

tesoura

lim

cola

opgavehefte

livro de exercícios

lektie

trabalhos de casa

tal

número

addere

somar

subtrahere

subtrair

multiplicere

multiplicar

regne

calcular

bogstav

letra

alfabet

alfabeto

ord

palavra

tekst

texto

læse

ler

kridt

giz

time

hora

klasseprotokol

registo de presenças

eksamen

exame

karakterbog

certificado

skoleuniform

uniforme escolar

uddannelse

educação

leksikon

enciclopédia

universitet

universidade

mikroskop

microscópio

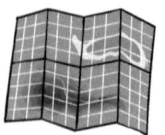

kort

mapa

papirkurv

cesto de lixo

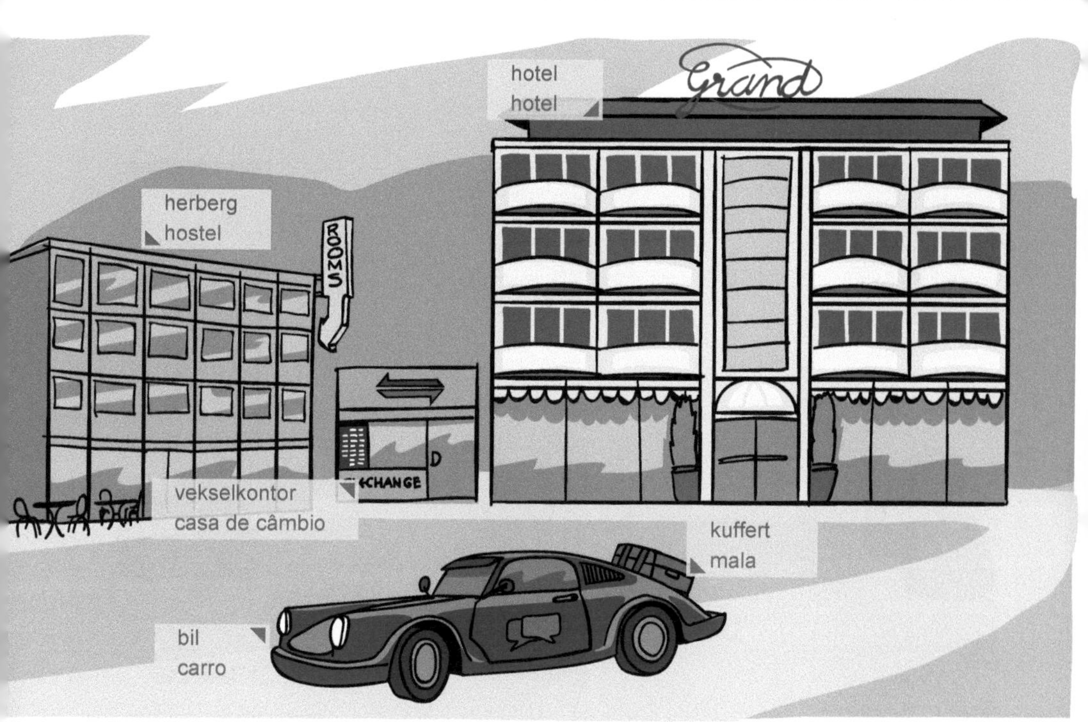

hotel
hotel
Grand
herberg
hostel
ROOMS
vekselkontor
casa de câmbio
EXCHANGE
kuffert
mala
bil
carro

sprog
idioma

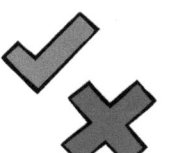

ja / nej
sim / não

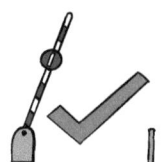

okay
ok / certo / correto

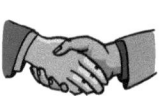

hej
olá

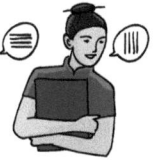

oversætter
intérprete

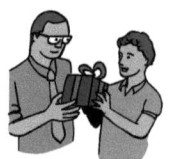

tak
obrigado

hvad koster...?

quanto é que custa... ?

Jeg forstår ikke

não entendo

problem

problema

God aften!

boa noite!

God morgen!

Bom dia!

God nat!

Boa noite!

farvel

adeus

retning

direção

bagage

bagagem

taske

saco

rygsæk

mochila

gæst

convidado

værelse

quarto

sovepose

saco-cama

telt

tenda

turistinformation

informação turística

strand

praia

kreditkort

cartão de crédito

morgenmad

pequeno-almoço

middagsmad

almoço

aftensmad

jantar

billet

bilhete

elevator

elevador

frimærke

selo postal

grænse

fronteira

told

alfândega

ambassade

embaixada

visum

visto

pas

passaporte

transport
transporte

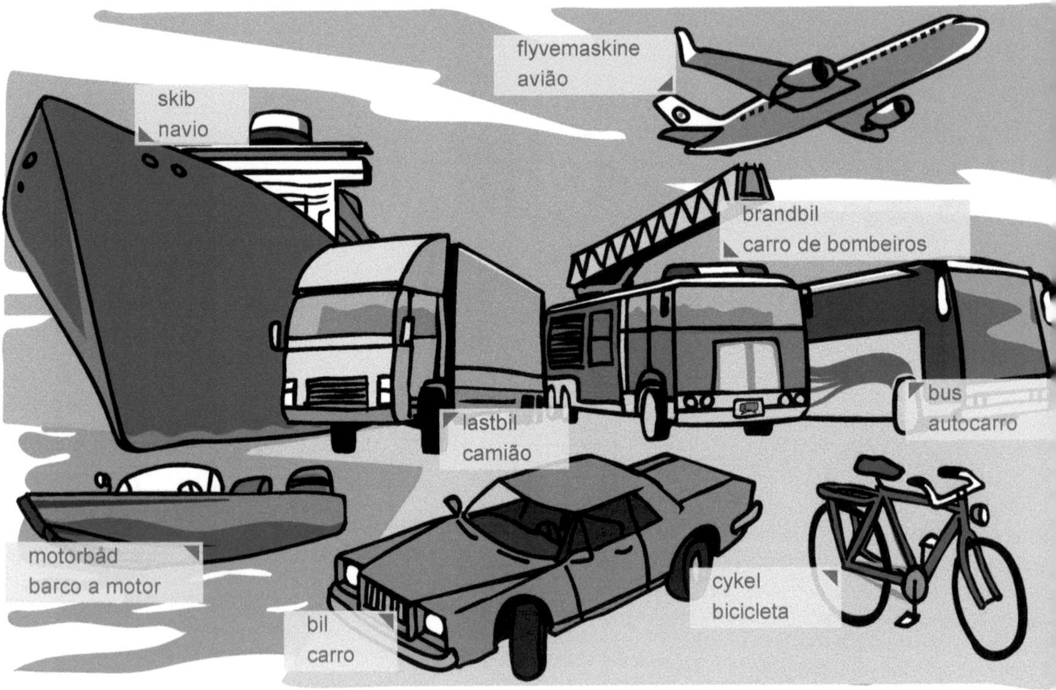
flyvemaskine
avião
skib
navio
brandbil
carro de bombeiros
bus
autocarro
lastbil
camião
motorbåd
barco a motor
cykel
bicicleta
bil
carro

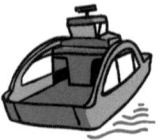

færge

cacilheiro

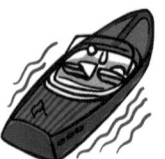

båd

barco

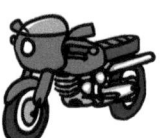

motorcykel

mota

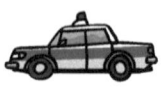

politibil

carro de polícia

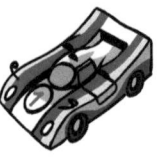

racerbil

carro de corrida

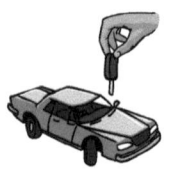

lejebil

carro alugado

samkørsel

carsharing

kranbil

camião de reboque

skraldebil

camião do lixo

motor

motor

benzin

combustível

tankstation

estação de serviço

trafikskilt

sinal de trânsito

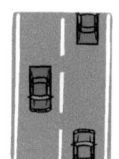

trafik

trânsito

trafikprop

congestionamento de trânsito

parkeringsplads

parque de estacionamento

banegård

estação ferroviária

skinner

carris

tog

comboio

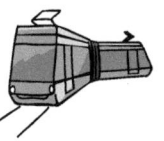

sporvogn

elétrico

wagon

carruagem

helikopter

helicóptero

lufthavn

aeroporto

tårn

torre

passager

passageiro

container

contentor

karton

caixa de papelão

kærre

carrinho

kurv

cesto

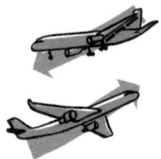

starte / lande

levantar voo / aterrar

by

cidade

landsby

aldeia

bymidte

centro da cidade

hus

casa

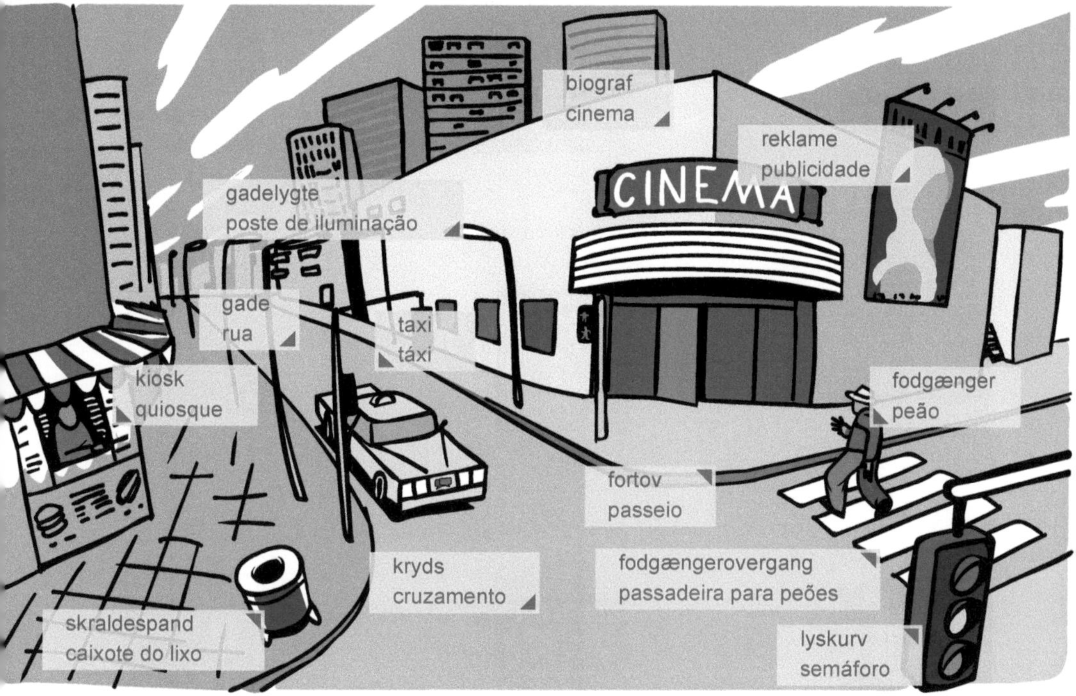

biograf
cinema

reklame
publicidade

gadelygte
poste de iluminação

gade
rua

taxi
táxi

kiosk
quiosque

fodgænger
peão

fortov
passeio

kryds
cruzamento

fodgængerovergang
passadeira para peões

skraldespand
caixote do lixo

lyskurv
semáforo

CINEMA

hytte

cabana

lejlighed

apartamento

banegård

estação ferroviária

rådhus

câmara municipal

museum

museu

skole

escola

universitet

universidade

bank

banco

sygehus

hospital

hotel

hotel

apotek

farmácia

kontor

escritório

boghandel

livraria

butik

loja

blomsterbutik

florista

supermarked

supermercado

marked

mercado

stormagasin

loja de departamentos

fiskehandler

peixaria

butikscenter

centro comercial

havn

porto

park
parque

bænk
banco

bro
ponte

trappe
escadas

undergrundsbane
metro

tunnel
túnel

busstoppested
paragem de autocarro

barnevogn
bar

restaurant
restaurante

postkasse
caixa de correio

vejskilt
sinal de trânsito

parkometer
parquímetro

zoo
jardim zoológico

badeanstalt
piscina

moske
mesquita

bondegård
quinta

miljøforurening
poluição

kirkegård
cemitério

kirke
igreja

legeplads
parque infantil

tempel
templo

landskab
paisagem

blad
folha

vejviser
placa de sinalização

vej
caminho

eng
prado

sten
pedra

træ
árvore

vandrer
caminhantes

flod
rio

græs
relva

blomst
flor

dal

vale

bjerg

montanha

sø

lago

skov

floresta

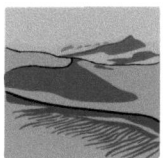

ørken

deserto

vulkan

vulcão

slot

castelo

regnbue

arco-íris

svamp

cogumelo

palme

palma

moskito

mosquito

flue

mosca

myre

formiga

bi

abelha

edderkop

aranha

bille

besouro

frø

sapo

egern

esquilo

pindsvin

ouriço

hare

lebre

ugle

coruja

fugl

pássaro

svane

cisne

vildsvin

javali

hjort

veado

elg

alce

dæmning

barragem

vindmølle

turbina eólica

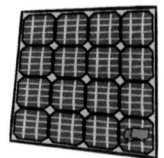

solcellemodul

painel solar

klima

clima

restaurant
restaurante

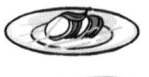

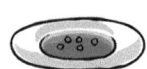

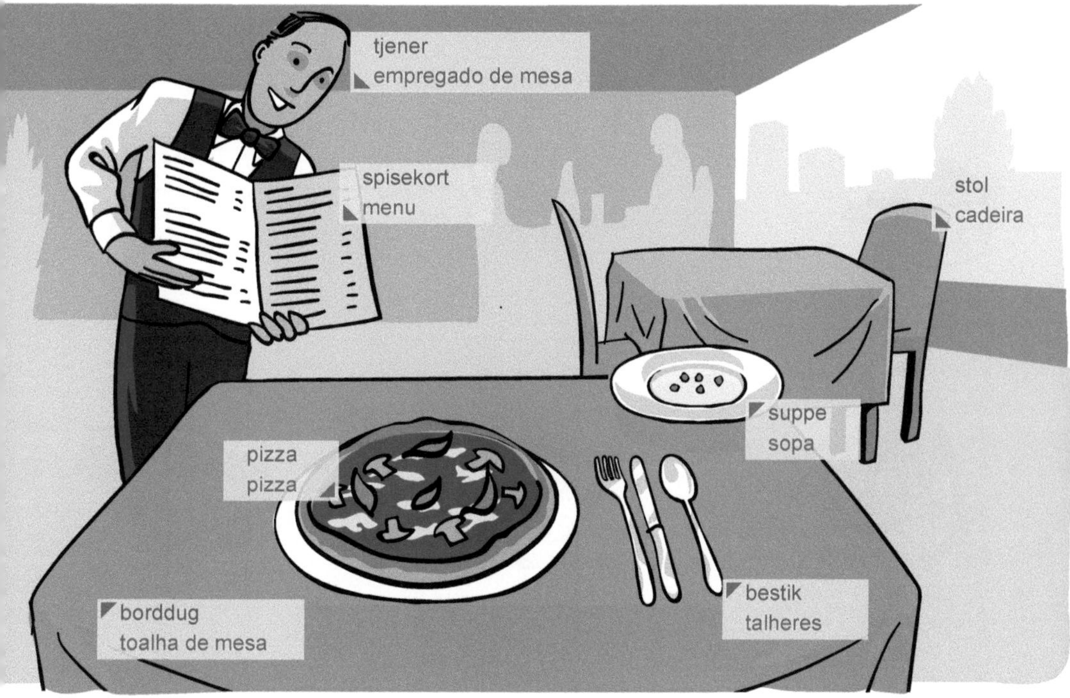

tjener
empregado de mesa
spisekort
menu
stol
cadeira
suppe
sopa
pizza
pizza
bestik
talheres
borddug
toalha de mesa

forret

entrada

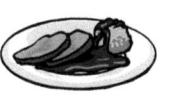

hovedret

prato principal

dessert

sobremesa

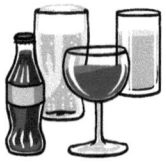

drikkevarer

bebidas

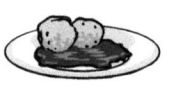

mad

comida

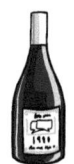

flaske

garrafa

fastfood

fast food

streetfood

comida de rua

tekande

bule de chá

sukkerdåse

açucareiro

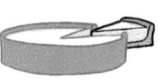

portion

porção

espressomaskine

máquina de café expresso

barnestol

cadeira alta

faktura

conta

tablet

bandeja

kniv

faca

gaffel

garfo

ske

colher

teske

colher de chá

serviet

guardanapo

glas

copo

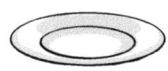

tallerken

prato

dyb tallerken

prato de sopa

underkop

pires

sovs

molho

saltbøsse

saleiro

peberkværn

moinho de pimenta

eddike

vinagre

olie

óleo

krydderier

especiarias

ketchup

ketchup

sennep

mostarda

mayonnaise

maionese

supermarked

supermercado

tilbud
oferta especial
FOR
kunde
cliente
mælkeprodukter
laticínios
frugt
fruta
indkøbsvogn
carrinho de compras

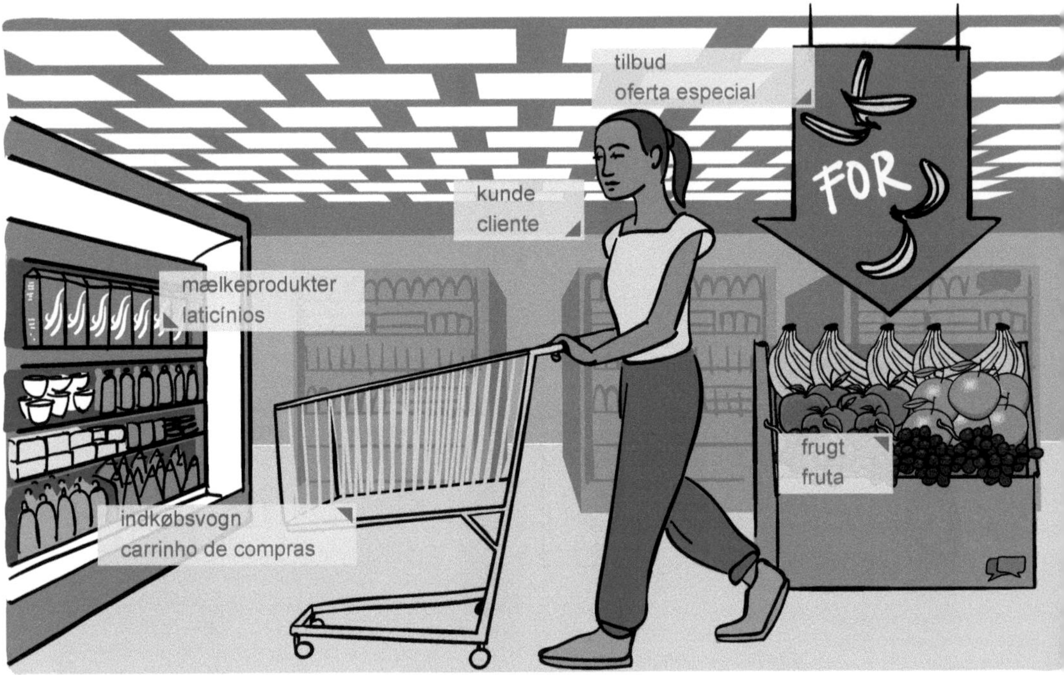

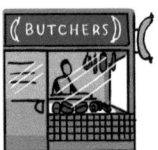

BUTCHERS

slagter

talho

BAKERY

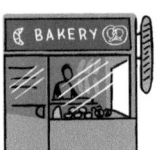

bageri

padaria

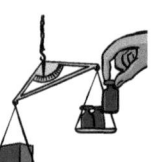

veje

pesar

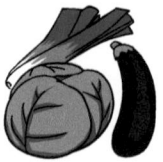

grøntsager

vegetais

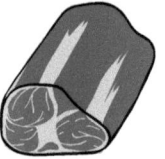

kød

carne

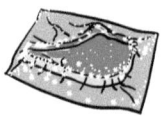

frostvarer

alimentos congelados

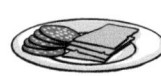

pålæg

charcutaria

konserves

comida enlatada

vaskemiddel

detergente em pó

slik

doces

husholdningsvarer

artigos domésticos

rengøringsmidler

produtos de limpeza

ekspedient

vendedora

kasse

caixa

kasserer

caixa

indkøbsliste

lista de compras

åbningstider

horário de funcionamento

tegnebog

carteira

kreditkort

cartão de crédito

taske

saco

plasticpose

saco de plástico

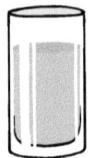

vand

água

saft

sumo

mælk

leite

cola

coca-cola

vin

vinho

øl

cerveja

alkohol

álcool

kakao

cacau

te

chá

kaffe

café

espresso

café expresso

cappuccino

capuccino

banan

banana

æble

maçã

appelsin

laranja

melon

melão

citron

limão

gulerod

cenoura

hvidløg

alho

bambus

bambu

løg

cebola

svamp

cogumelo

nødder

nozes

nudler

talharim

spaghetti

esparguete

ris

arroz

salat

salada

pomfritter

batatas fritas

stegte kartofler

batatas fritas

pizza

pizza

hamburger

hambúrguer

sandwich

sanduíche

schnitzel

bife panado

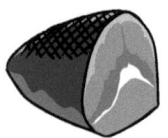

skinke

fiambre

salami

salame

pølse

salsicha

kylling

galinha

steg

assado

fisk

peixe

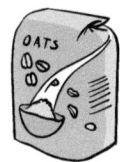

havregryn
flocos de aveia

mysli
muesli

cornflakes
flocos de milho

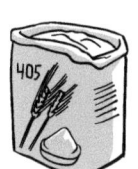

mel
farinha

croissant
croissant

rundstykke
carcaça (pãozinho)

brød
pão

toast
torrada

kiks
biscoitos

smør
manteiga

kvark
requeijão

kage
bolo

æg
ovo

spejlæg
ovo estrelado

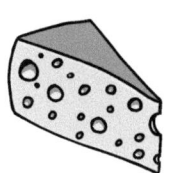

ost
queijo

is

gelado

sukker

açúcar

honning

mel

marmelade

compota

nougat-creme

creme de nougat

karry

caril

bondegård
quinta

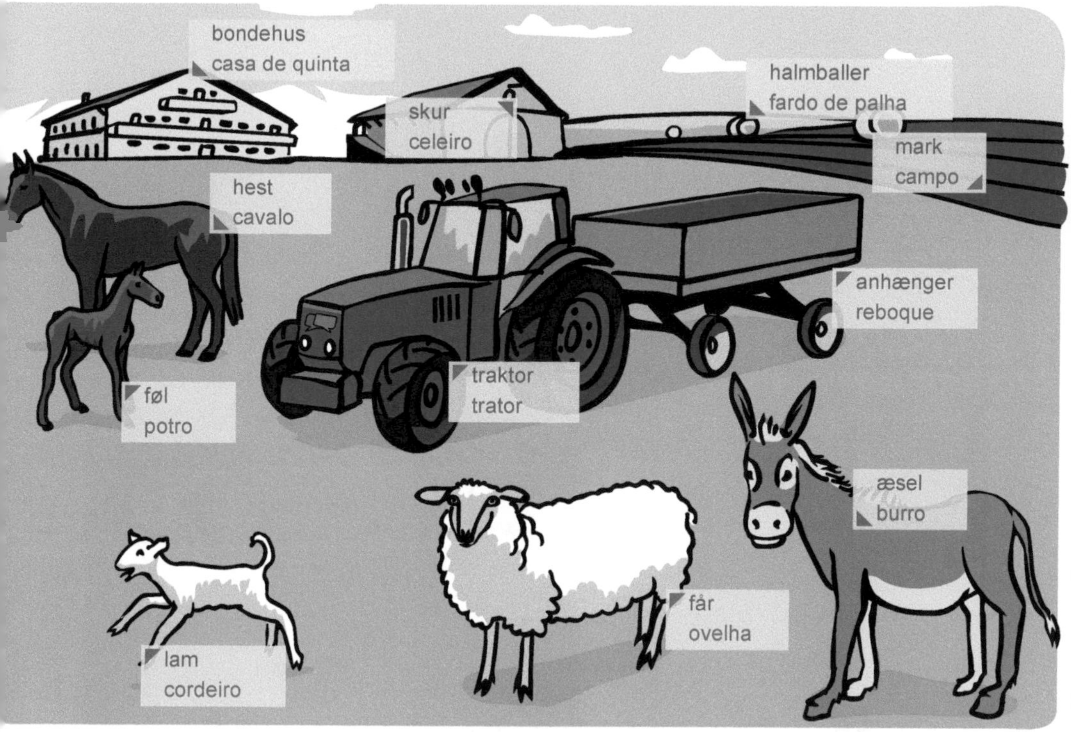
bondehus
casa de quinta
skur
celeiro
halmballer
fardo de palha
mark
campo
hest
cavalo
anhænger
reboque
føl
potro
traktor
trator
æsel
burro
får
ovelha
lam
cordeiro

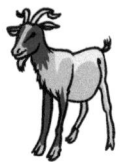

ged

cabra

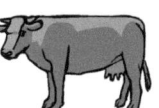

ko

vaca

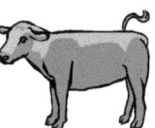

kalv

bezerro

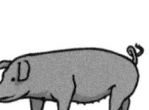

svin

porco

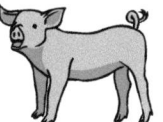

gris

leitão

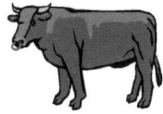

tyr

touro

gås
ganso

and
pato

kylling
pintaínho

høne
galinha

hane
galo

rotte
ratazana

kat
gato

mus
rato

okse
boi

hund
cão

hundehus
casota

haveslange
mangueira de jardim

vandkande
regador

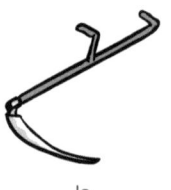

le
foice

plov
arado

segl
foice

hakkejern
enxada

møggreb
forquilha

økse
machado

trillebør
carrinho de mão

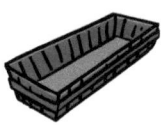

trug
manjedoura

mælkekande
jarro de leite

sæk
saco

hæk
cerca

stald
estábulo

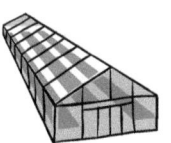

drivhus
estufa

jord
solo

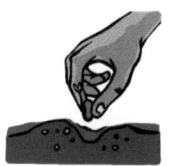

frø
semente

gødning
fertilizante

mejetærsker
ceifeira-debulhadora

høste
colher

høst
colheita

yams
inhame

hvede
trigo

soja
soja

kartoffel
batata

majs
milho

raps
colza

frugttræ
árvore de fruto

maniok
mandioca

korn
cereais

hus
casa

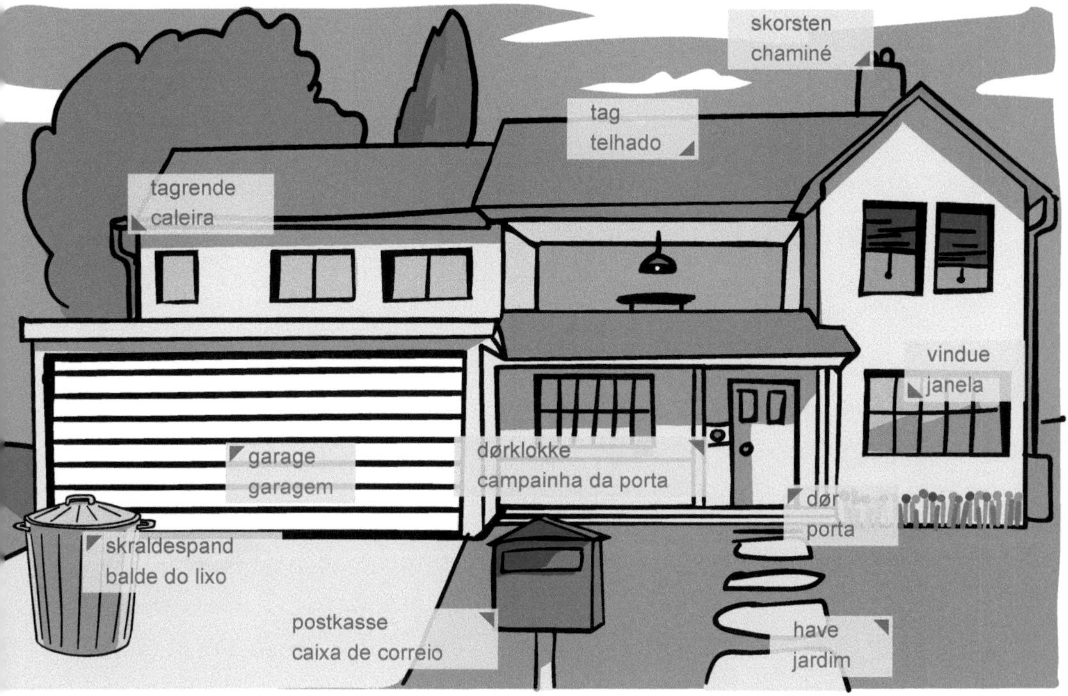
skorsten
chaminé
tag
telhado
tagrende
caleira
vindue
janela
garage
garagem
dørklokke
campainha da porta
dør
porta
skraldespand
balde do lixo
postkasse
caixa de correio
have
jardim

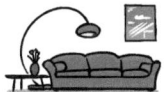

stue
....
sala de estar

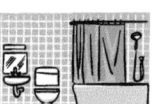

badeværelse
....
casa de banho

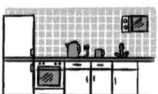

køkken
....
cozinha

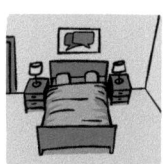

soveværelse
....
quarto de dormir

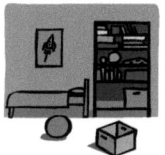

børneværelse
....
quarto de criança

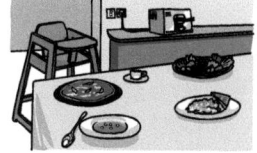

spisestue
....
sala de jantar

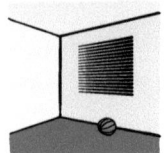

gulv

chão

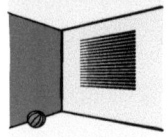

væg

parede

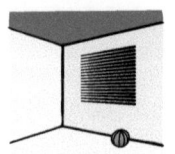

loft

teto

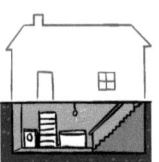

kælder

cave

sauna

sauna

altan

varanda

terrasse

terraço

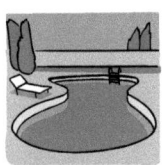

svømmehal

piscina

plæneklipper

máquina de cortar relvado

dynebetræk

lençol

dyne

cobertor

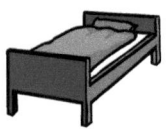

seng

cama

kost

vassoura

spand

balde

kontakt

interruptor

stue
sala de estar

tapet
papel de parede
billede
imagem
lampe
lâmpada
reol
prateleira
skab
armário
fjernsyn
televisão
pejs
lareira
blomst
flor
pude
almofada
sofa
sofá
vase
vaso
fjernbetjening
controlo remoto

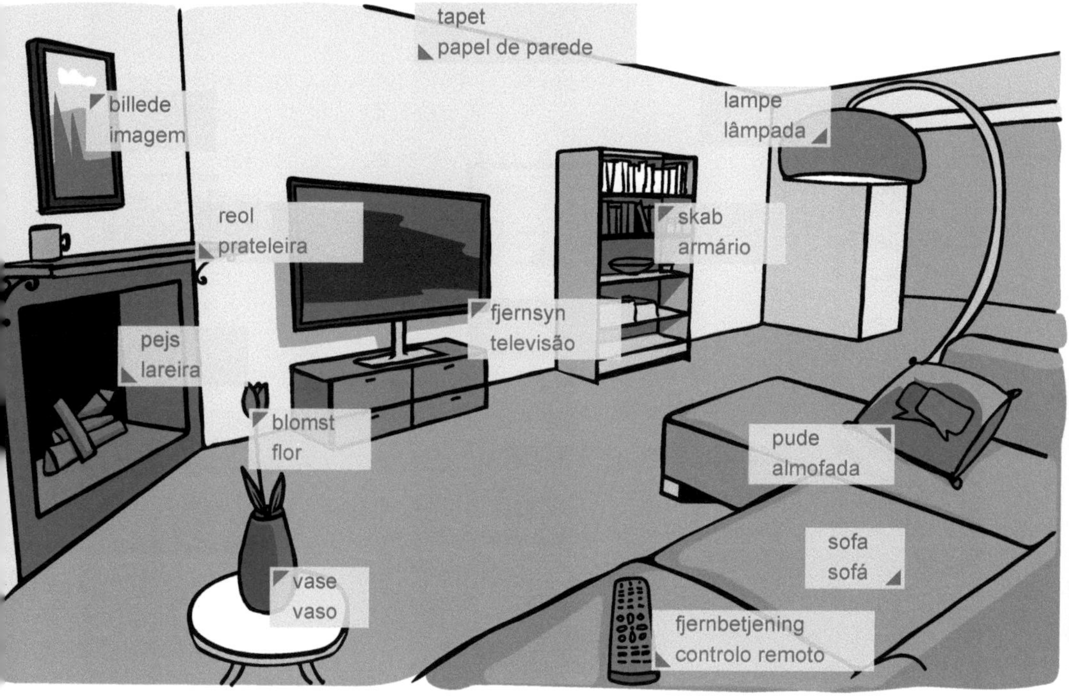

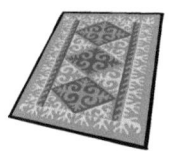

gulvtæppe
tapete

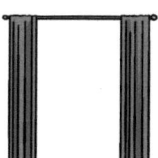

gardin
cortina

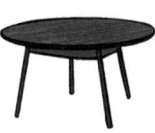

bord
mesa

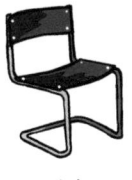

stol
cadeira

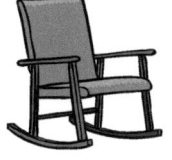

gyngestol
cadeira de baloiço

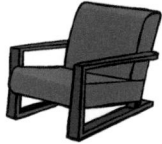

lænestol
poltrona

bog
livro

tæppe
cobertor

dekoration
decoração

brænde
lenha

film
filme

stereoanlæg
sistema estéreo

nøgle
chave

avis
jornal

maleri
pintura

plakat
póster

radio
rádio

notesblok
bloco de notas

støvsuger
aspirador

kaktus
cato

lys
vela

køkken
cozinha

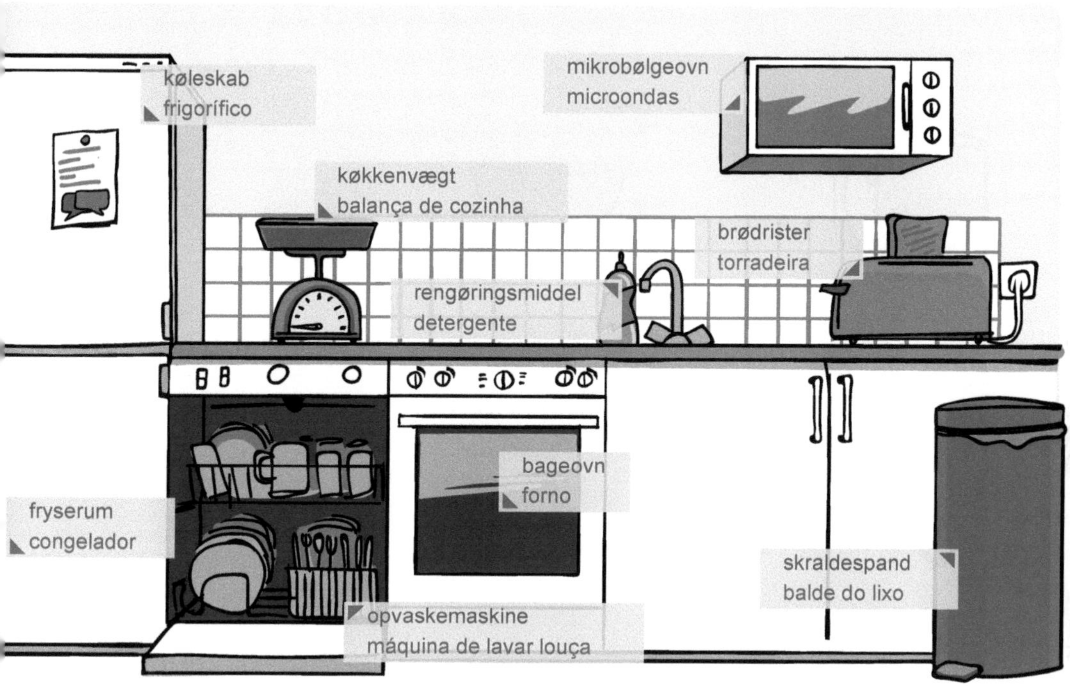
køleskab
frigorífico
mikrobølgeovn
microondas
køkkenvægt
balança de cozinha
brødrister
torradeira
rengøringsmiddel
detergente
bageovn
forno
fryserum
congelador
skraldespand
balde do lixo
opvaskemaskine
máquina de lavar louça

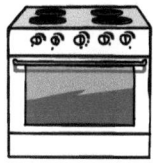

komfur

fogão

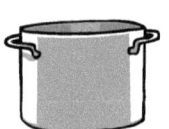

gryde

panela

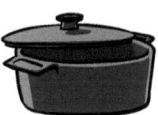

jerngryde

panela de ferro

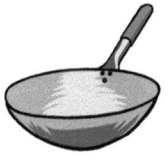

wok / kadai

wok / kadai

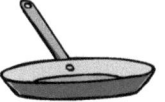

pande

frigideira

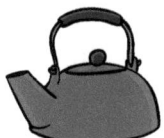

elkedel

chaleira

dampkoger

panela a vapor

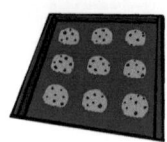

bageplade

tabuleiro de forno

service

louça

bæger

caneca

skål

tigela

spisepinde

pauzinhos

øseske

concha de sopa

paletkniv

espátula

piskeris

batedor de claras

dørslag

escorredor

si

peneira

rive

ralador

morter

almofariz

grille

churrasqueira

ildsted

lareira

skærebræt

tábua de cortar

kagerulle

rolo da massa

proptrækker

saca-rolhas

dåse

lata

dåseåbner

abridor de latas

grydelap

luvas de forno

køkkenvask

lava-loiça

børste

escova

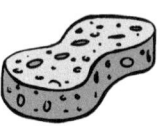

svamp

esponja

blender

liquidificador

dybfryser

arca frigorífica

sutteflaske

biberão

vandhane

torneira

badeværelse

casa de banho

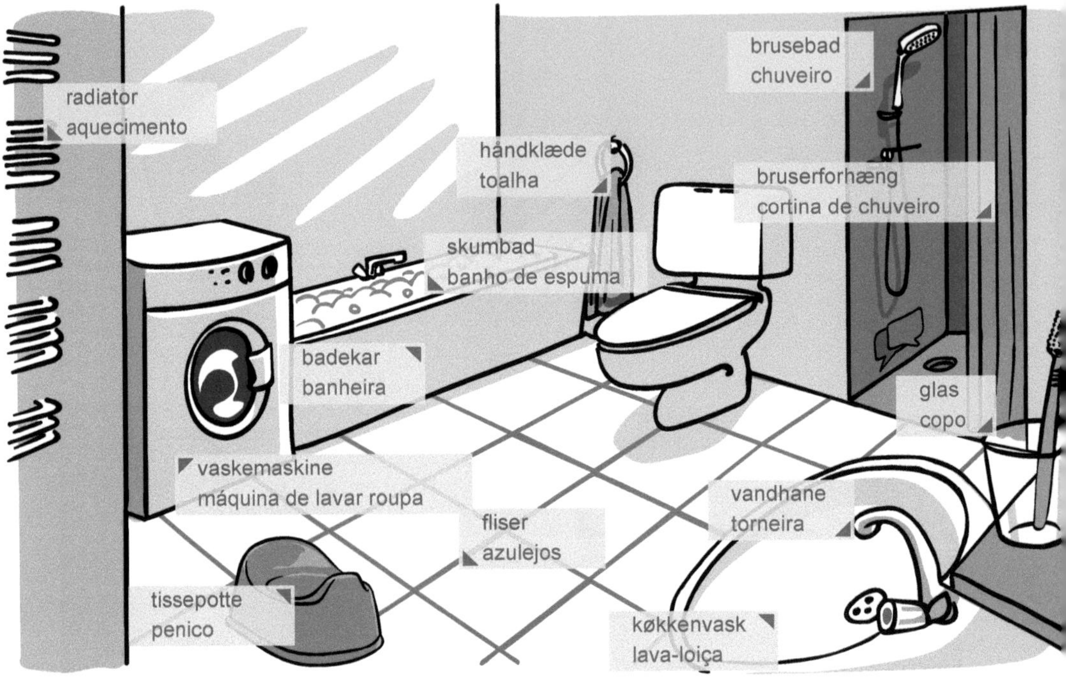

radiator
aquecimento
brusebad
chuveiro
håndklæde
toalha
bruserforhæng
cortina de chuveiro
skumbad
banho de espuma
badekar
banheira
glas
copo
vaskemaskine
máquina de lavar roupa
vandhane
torneira
fliser
azulejos
tissepotte
penico
køkkenvask
lava-loiça

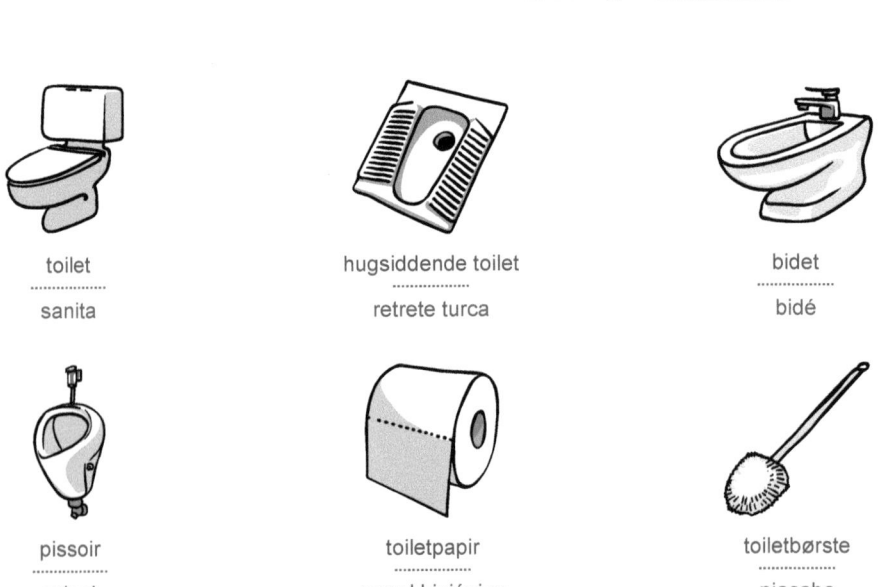

toilet

sanita

hugsiddende toilet

retrete turca

bidet

bidé

pissoir

urinol

toiletpapir

papel higiénico

toiletbørste

piaçaba

tandbørste

escova de dentes

tandpasta

pasta de dentes

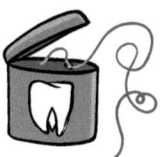

tandtråd

fio dentário

vaske

lavar

håndbruser

chuveiro de mão

intimbruser

duche íntimo

vaskefad

bacia

badebørste

escova para as costas

sæbe

sabonete

brusegele

gel de banho

shampoo

champô

vaskeklud

toalha de rosto

afløb

escoamento

creme

creme

deodorant

desodorizante

spejl

espelho

kosmetikspejl

espelho de mão

barberhøvl

máquina de barbear

barberskum

creme de barbear

barbervand

loção pós-barba

kam

pente

børste

escova

hårtørrer

secador de cabelo

hårspray

spray de cabelo

makeup

maquilhagem

læbestift

batom

neglelak

verniz de unhas

vat

algodão

neglesaks

tesoura para unhas

parfume

perfume

toilettaske

nécessaire

skammel

tamborete

vægt

balança

badekåbe

roupão de banho

gummihandsker

luvas de borracha

tampon

tampão

damebind

penso higiénico

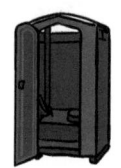

kemisk toilet

WC químico

børneværelse

quarto de criança

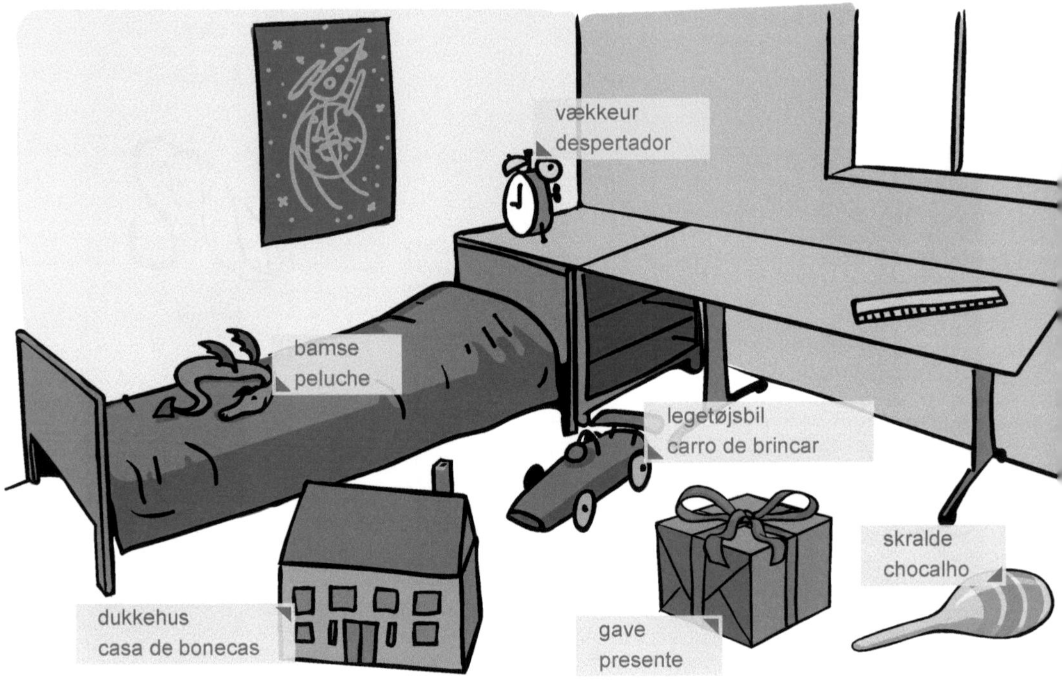
vækkeur
despertador
bamse
peluche
legetøjsbil
carro de brincar
skralde
chocalho
dukkehus
casa de bonecas
gave
presente

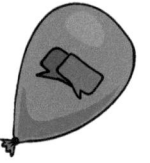

ballon

balão

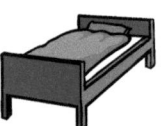

seng

cama

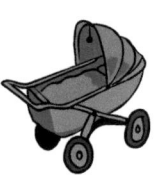

barnevogn

carrinho de bebé

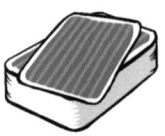

kortspil

jogo de cartas

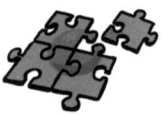

puslespil

quebra-cabeças

SUPER
MEGA

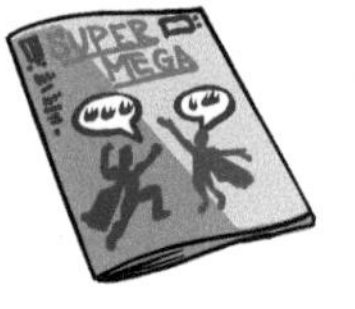

tegneserie

banda desenhada

legoklodser

peças de Lego

byggeklodser

blocos de construção

action figur

figura de ação

sparkedragt

fato de bebé

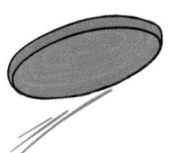

frisbee

Frisbee

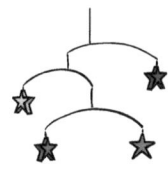

uro

móbile para bebé

brætspil

jogo de tabuleiro

terning

dados

modeljernbane

pista de comboio elétrico

sut

chupeta

fest

festa

billedbog

livro ilustrado

bold

bola

dukke

boneca

lege

jogar

sandkasse

caixa de areia

gynge

baloiço

legetøj

brinquedos

spillekonsol

consola de jogos

trehjulet cykel

triciclo

bamse

ursinho de peluche

klædeskab

guarda-roupa

tøj

vestuário

sokker

meias

strømper

meias pelo joelho

strømpebukser

meias-calças

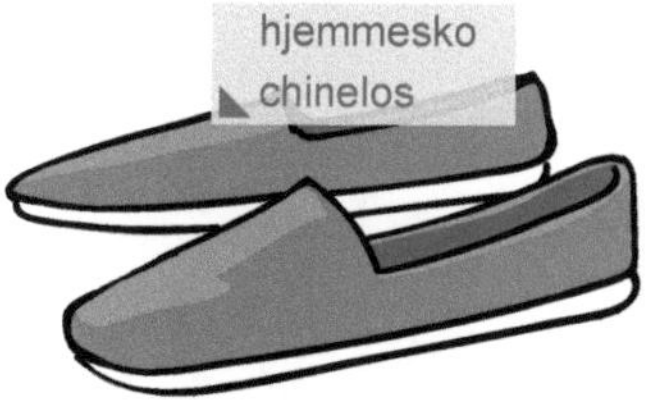

sjal
cachecol

paraply
guarda-chuva

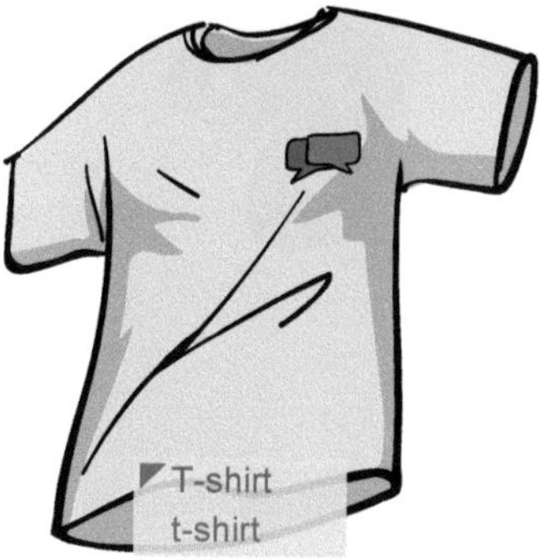

T-shirt
t-shirt

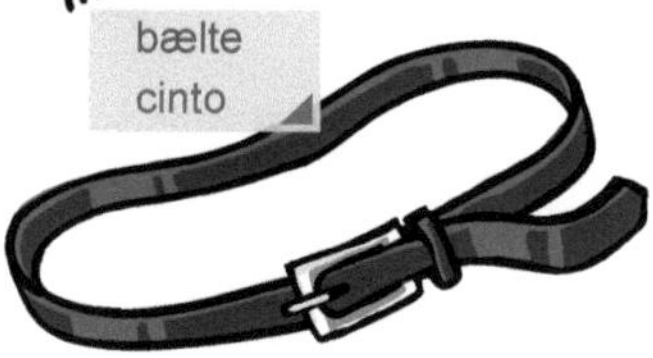

bælte
cinto

støvler
botas

hjemmesko
chinelos

sneakers
sapatilhas

sandaler

sandálias

sko

sapatos

gummistøvler

botas de borracha

underbukser

cuecas

BH

sutiã

undertrøje

camisola interior

body
body

bukser
calças

jeans
calças de ganga

nederdel
saia

bluse
blusa

skjorte
camisa

pullover
pulôver

sweatshirt
camisola com capuz

blazer
blazer

jakke
casaco

frakke
manto

regnfrakke
gabardina

kostume
traje

kjole
vestido

brudekjole
vestido de casamento

tøj - vestuário

jakkesæt

fato

nattrøje

camisa de dormir

pyjamas

pijama

sari

sari

hovedtørklæde

lenço de cabeça

turban

turbante

burka

burca

kaftan

cafetã

abaya

abaya

badedragt

fato de banho

badebukser

calções de banho

korte bukser

calções

træningsdragt

fato de treino

forklæde

avental

handsker

luvas

knap

botão

briller

óculos

armbånd

pulseira

kæde

colar

ring

anel

ørering

brinco

hue

boné

bøjle

cabide

hat

chapéu

slips

gravata

lynlås

fecho de correr

hjelm

capacete

seler

suspensórios

skoleuniform

uniforme escolar

uniform

uniforme

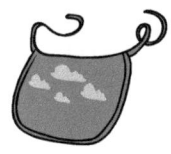

hagesmæk

babete

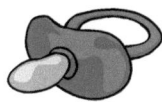

sut

chupeta

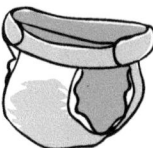

ble

fralda

kontor
escritório

server
servidor
arkivskab
armário de arquivo
papir
papel
printer
impressora
skærm
ecrã
skrivebord
secretária
mus
rato
mappe
pasta
tastatur
teclado
papirkurv
cesto de lixo
computer
computador
stol
cadeira

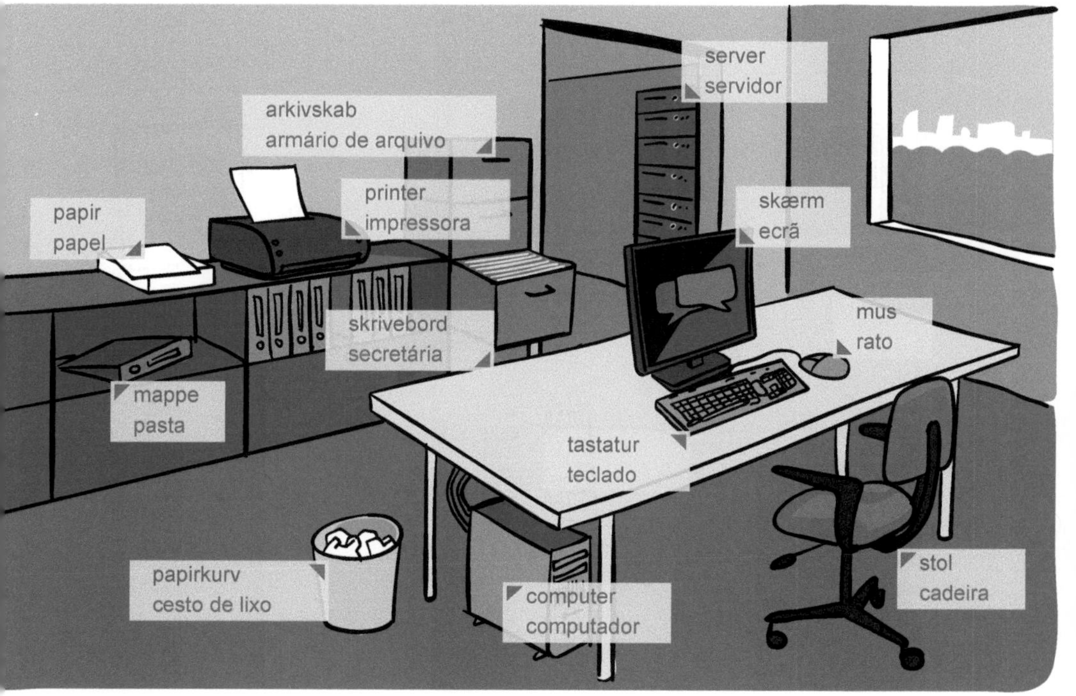

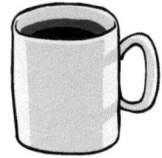

kaffekrus

caneca de café

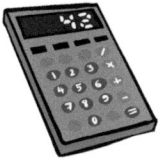

lommeregner

calculadora

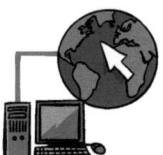

internet

internet

bærbar

computador portátil

brev

carta

besked

mensagem

mobil

telemóvel

netværk

rede

kopimaskine

fotocopiadora

software

software

telefon

telefone

stikdåse

tomada elétrica

fax

fax

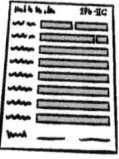

formular

formulário

dokument

documento

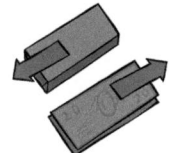

købe
comprar

betale
pagar

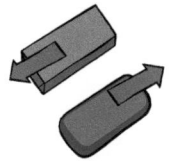

handle
negociar

penge
dinheiro

dollar
dólar

euro
euro

yen
yen

rubel
rublo

schweizerfranc
franco suíço

renminbi yuan
renminbi yuan

rupee
rupia

hæveautomat
caixa de multibanco

vekselkontor

casa de câmbio

guld

ouro

sølv

prata

olie

petróleo

energi

energia

pris

preço

kontrakt

contrato

skat

imposto

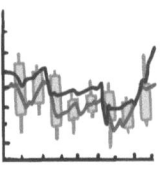

aktie

ação

arbejde

trabalhar

ansat

empregado

arbejdsgiver

entidade patronal

fabrik

fábrica

butik

loja

erhverv
profissões

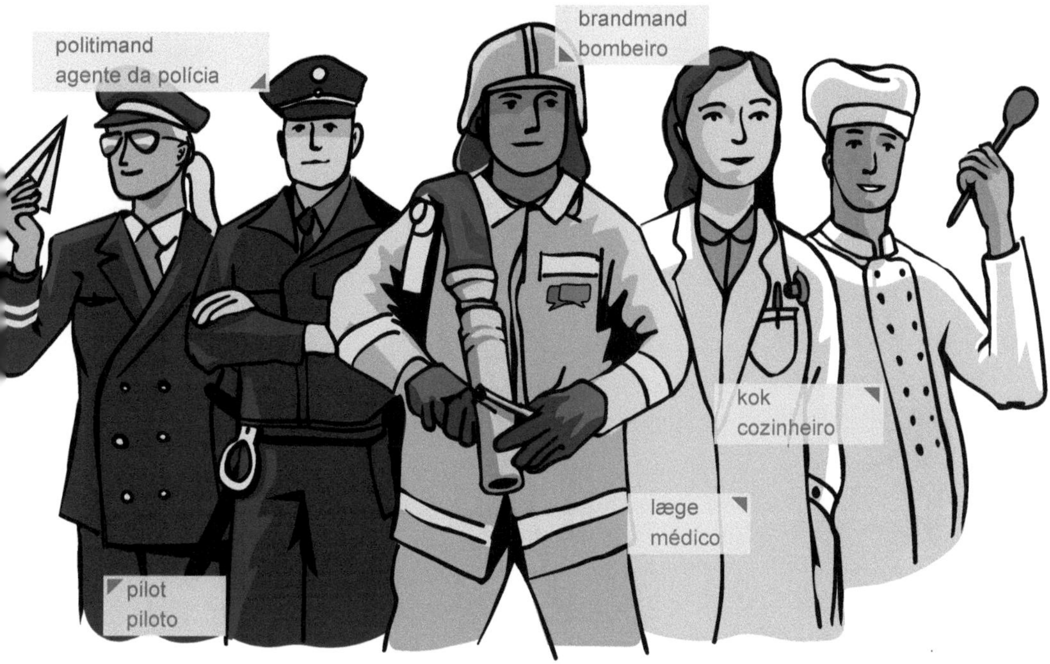

politimand
agente da polícia
brandmand
bombeiro
kok
cozinheiro
læge
médico
pilot
piloto

gartner

jardineiro

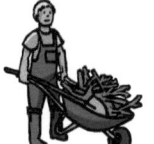

tømrer

carpinteiro

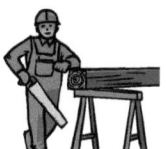

syerske

costureira

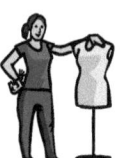

dommer

juiz

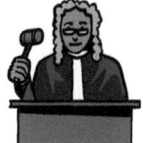

kemiker

químico

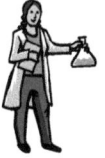

skuespiller

ator

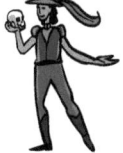

buschauffør

motorista de autocarro

taxachauffør

motorista de táxi

fisker

pescador

rengøringskone

empregada de limpeza

tagdækker

telhador

tjener

empregado de mesa

jæger

caçador

maler

pintor

bager

padeiro

elektriker

eletricista

bygningsarbejder

construtor

ingeniør

engenheiro

slagter

talhante

vvs-mand

canalizador

postbud

carteiro

soldat

soldado

arkitekt

arquiteto

kasserer

caixa

blomsterhandler

florista

frisør

cabeleireiro

togfører

controlador de bilhetes

mekaniker

mecânico

kaptajn

capitão

tandlæge

dentista

videnskabsmand

cientista

rabbiner

rabino

imam

imã

munk

monge

præst

pastor

værktøj
ferramentas

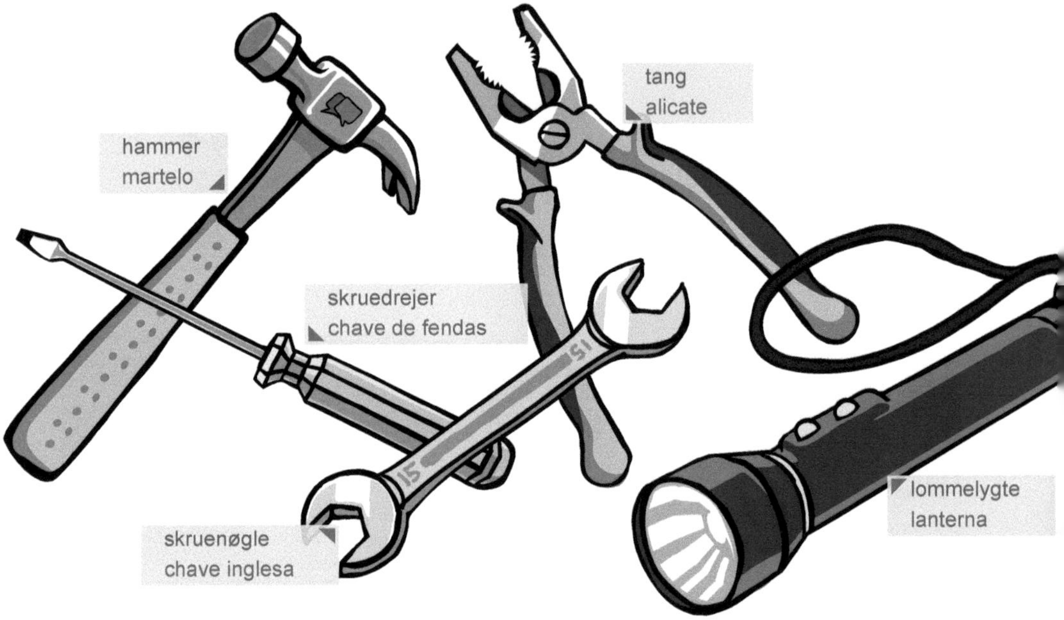
hammer
martelo
tang
alicate
skruedrejer
chave de fendas
lommelygte
lanterna
skruenøgle
chave inglesa

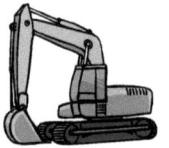

gravemaskine

escavadora

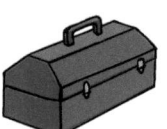

værktøjskasse

caixa de ferramentas

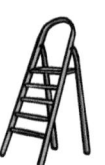

stige

escadote

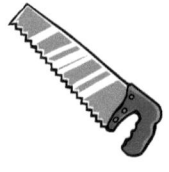

sav

serra

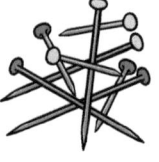

søm

pregos

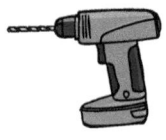

bor

broca

reparere
reparar

skovl
pá

Lort!
porcaria!

fejebakke
pá de lixo

malerspand
pote de tinta

skruer
parafusos

musikinstrumenter
instrumentos musicais

trommer
bateria

højttaler
altifalante

guitar
guitarra

kontrabas
contrabaixo

trompet
trompete

klaver

piano

violin

violino

bas

baixo

pauke

timbales

tromme

tambor

keyboard

teclado

saxofon

saxofone

fløjte

flauta

mikrofon

microfone

zoo
jardim zoológico

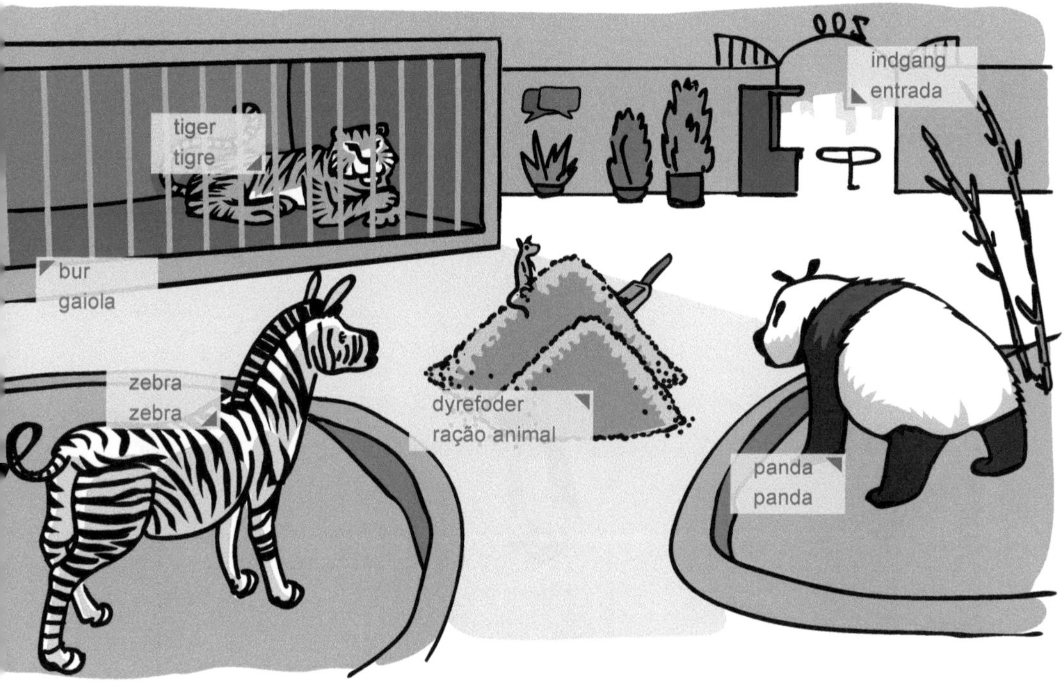

tiger
tigre
indgang
entrada
bur
gaiola
zebra
zebra
dyrefoder
ração animal
panda
panda

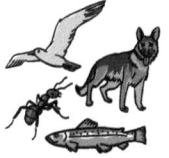

dyr

animais

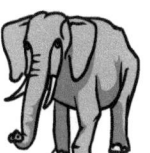

elefant

elefante

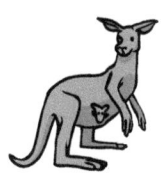

kænguru

canguru

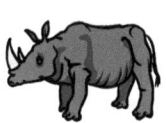

næsehorn

rinoceronte

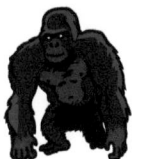

gorilla

gorila

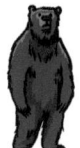

bjørn

urso

kamel

camelo

struds

avestruz

løve

leão

abe

macaco

flamingo

flamingo

papegøje

papagaio

isbjørn

urso polar

pingvin

pinguim

haj

tubarão

påfugl

pavão

slange

cobra

krokodille

crocodilo

dyrepasser

guarda do jardim zoológico

sæl

foca

jaguar

jaguar

pony

pónei

leopard

leopardo

flodhest

hipopótamo

giraf

girafa

ørn

águia

vildsvin

javali

fisk

peixe

skildpadde

tartaruga

hvalros

morsa

ræv

raposa

gazelle

gazela

amerikansk football
futebol americano

cykling
ciclismo

tennis
ténis

basketball
basquetebol

svømning
natação

boksning
boxe

ishockey
hóquei no gelo

fodbold
futebol

badminton
badminton

atletik
atletismo

håndbold
andebol

skiløb
esqui

polo
polo

grine
rir

springe
saltar

give et knus
abraçar

gå
andar

synge
cantar

drømme
sonhar

bede
rezar

kysse
beijar

skrive
escrever

tegne
desenhar

vise
mostrar

skubbe
empurrar

give
dar

tage
tomar

have
ter

gøre
fazer

være
ser

stå
ficar de pé

løbe
correr

trække
puxar

kaste
remessar

falde
cair

ligge
deitar

vente
esperar

bære
carregar

sidde
sentar

tage på
vestir

sove
dormir

vågne
acordar

se på

olhar para

græde

chorar

ae

acariciar

kæmme

pentear

tale

falar

forstå

compreender

spørge

perguntar

høre

ouvir

drikke

beber

spise

comer

rydde op

arrumar

elske

amar

koge

cozinhar

køre

conduzir

flyve

voar

sejle

velejar

regne

calcular

læse

ler

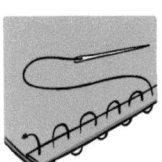

lære

aprender

arbejde

trabalhar

gifte sig med

casar

sy

costurar

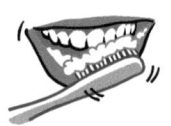

børste tænder

escovar os dentes

dræbe

matar

ryge

fumar

sende

enviar

bedstemor
avó

bedstefar
avô

far
pai

mor
mãe

baby
bebé

datter
filha

søn
filho

gæst

convidado

tante

tia

onkel

tio

bror

irmão

søster

irmã

krop

corpo

pande
testa
øje
olho
skulder
ombro
finger
dedo
ansigt
cara
hage
queixo
hånd
mão
ben
perna
bryst
peito
arm
braço

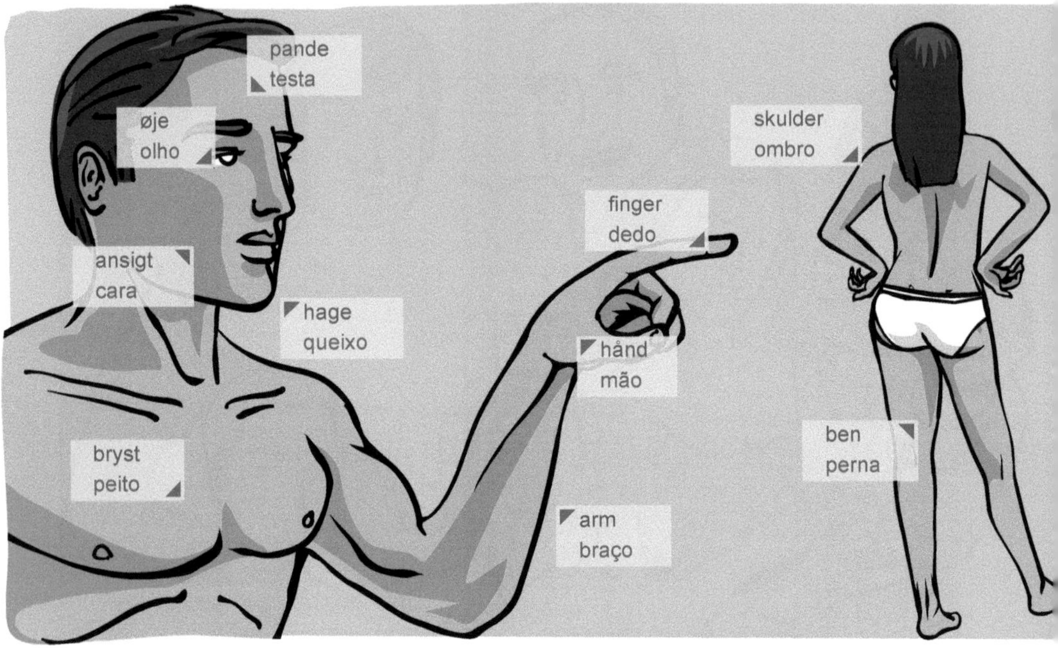

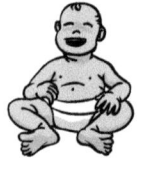

baby

bebé

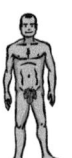

mand

homem

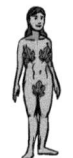

kvinde

mulher

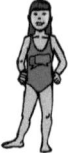

pige

menina

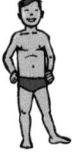

dreng

menino

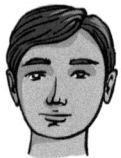

hoved

cabeça

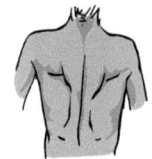

ryg

costas

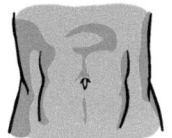

mave

barriga

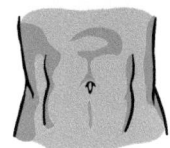

navle

umbigo

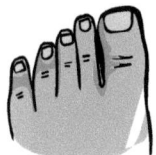

tå

dedo do pé

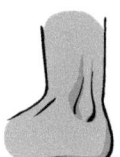

hæl

calcanhar

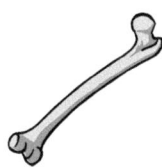

knogle

osso

hofte

anca

knæ

joelho

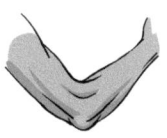

albue

cotovelo

næse

nariz

bagdel

nádegas

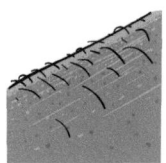

hud

pele

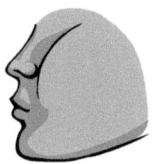

kind

bochecha

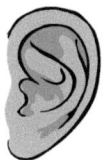

øre

orelha

læbe

lábio

mund
boca

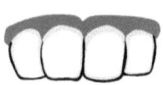

tand
dente

tunge
língua

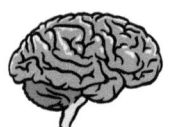

hjerne
cérebro

hjerte
coração

muskel
músculo

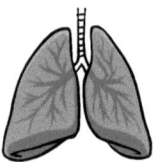

lunge
pulmão

lever
fígado

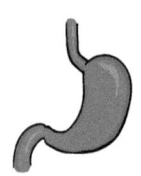

mavesæk
estômago

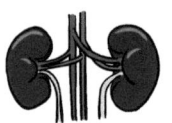

nyrer
rins

sex
relações sexuais

kondom
preservativo

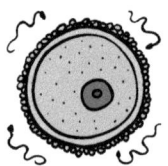

ægcelle
óvulo

sperm
esperma

svangerskab
gravidez

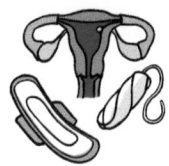

menstruation

menstruação

vagina

vagina

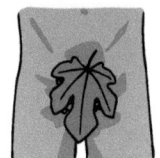

penis

pénis

øjenbryn

sobrancelha

hår

cabelo

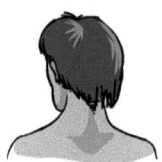

hals

pescoço

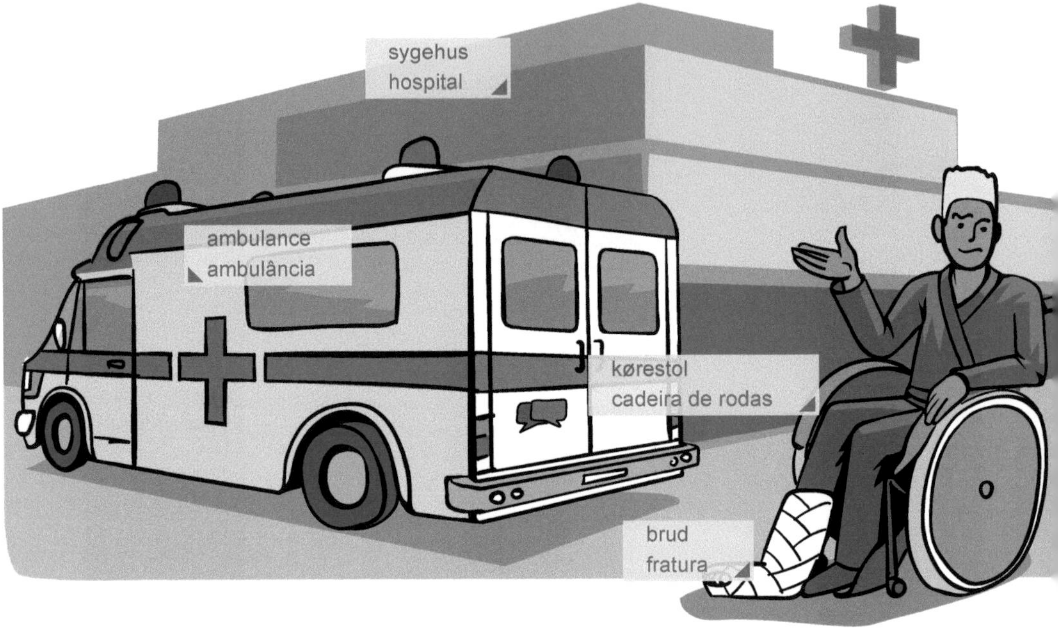

sygehus
hospital

ambulance
ambulância

kørestol
cadeira de rodas

brud
fratura

læge
médico

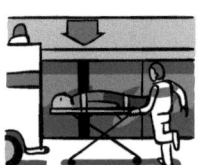

akutmodtagelse
serviço de urgências

sygeplejerske
enfermeira

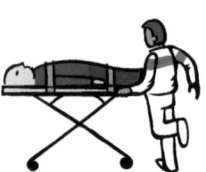

nødstilfælde
emergência

bevidstløs
inconsciente

smerte
dor

skade

ferimento

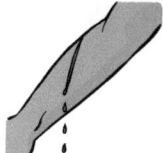

blødning

hemorragia

hjerteinfarkt

ataque cardíaco

slagtilfælde

cidente vascular cerebral

allergi

alergia

hoste

tosse

feber

febre

influenza

gripe

diarré

diarreia

hovedpine

dor de cabeça

kræft

cancro

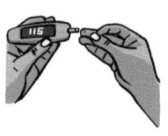

diabetes

diabetes

kirurg

cirurgião

skalpel

bisturi

operation

operação

CT

CT

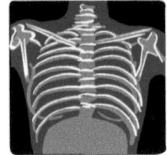

røntgen

raio x

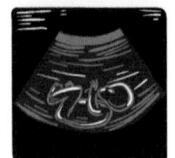

ultralyd

ultrassom

maske

máscara

sygdom

doença

venteværelse

sala de espera

krykke

muleta

plaster

penso rápido

forbinding

ligadura

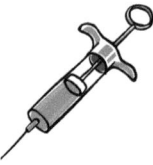

injektion

injeção

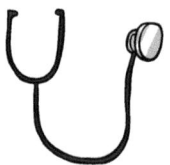

stetoskop

estetoscópio

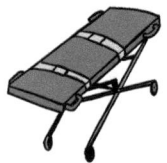

båre

maca

termometer

termómetro

fødsel

nascimento

overvægt

excesso de peso

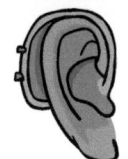

høreapparat

aparelho auditivo

desinficerende middel

desinfetante

infektion

infeção

virus

vírus

HIV / AIDS

HIV / SIDA

medicin

medicamento

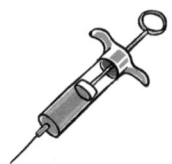

vaccination

vacinação

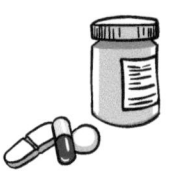

tabletter

comprimidos

pille

pílula

nødopkald

chamada de emergência

blodtryksmåler

dispositivo de medição de
pressão arterial

syg / rask

doente / saudável

Hjælp!

Socorro!

alarm

alarme

overfald

assalto

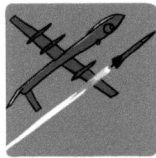

angreb

ataque

fare

perigo

nødudgang

saída de emergência

Det brænder!

Fogo!

ildslukker

extintor de incêndios

uheld

acidente

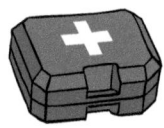

førstehjælps-kuffert

estojo de primeiros socorros

SOS

SOS

politi

polícia

Europa

Europa

Nordamerika

América do Norte

Sydamerika

América do Sul

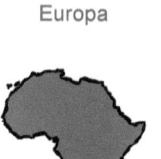

Afrika

África

Asien

Ásia

Australien

Austrália

Atlanterhavet

Atlântico

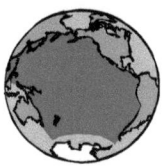

Stillehavet

Pacífico

Indiske Ocean

Oceano Índico

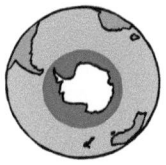

Sydlige Ishav

Oceano Antártico

Ishav

Oceano Ártico

Nordpol

Polo Norte

Sydpol

Polo Sul

Antarktis

Antártica

Jorden

terra

land

país

hav

mar

ø

ilha

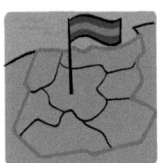

nation

nação

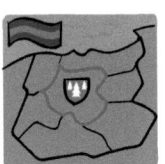

stat

estado

urskive

mostrador do relógio

timeviser

ponteiro das horas

minutviser

ponteiro dos minutos

sekundviser

ponteiro dos segundos

Hvad er klokken?

Que horas são?

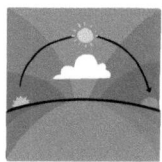

dag

dia

tid

tempo

nu

agora

digitalur

relógio digital

minut

minuto

time

hora

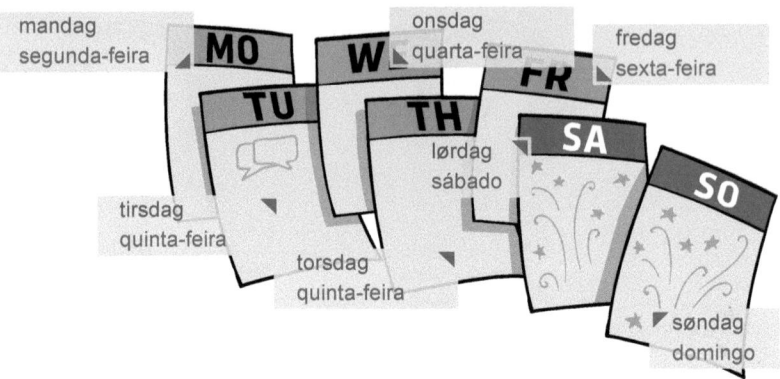

mandag
segunda-feira

onsdag
quarta-feira

fredag
sexta-feira

tirsdag
quinta-feira

torsdag
quinta-feira

lørdag
sábado

søndag
domingo

i går

ontem

i dag

hoje

i morgen

amanhã

morgen

manhã

middag

meio-dia

aften

entardecer

arbejdsdage

dias úteis

weekend

fim de semana

år

ano

regn
chuva
regnbue
arco-íris
vind
vento
sne
neve
forår
primavera
sommer
verão
efterår
outono
vinter
inverno

4.APRIL 11°
5.APRIL 4°
6.APRIL 13°
7.APRIL 8°
8.APRIL 10°

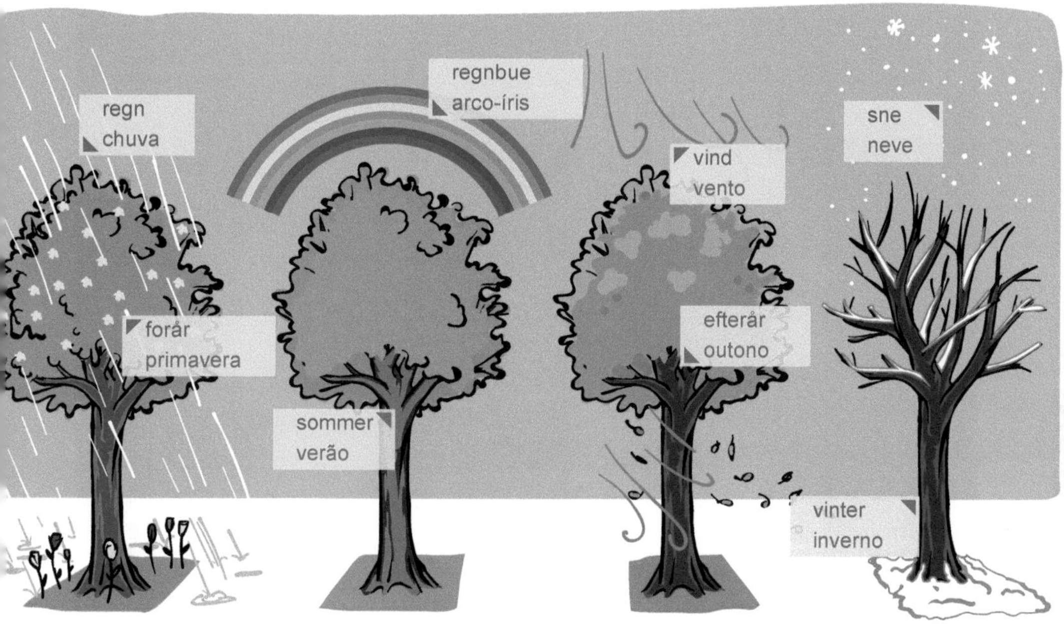

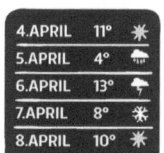

vejrudsigt

previsão do tempo

F C
120 40
90 30
60 20
30 10
0 0
-30 -10
-20

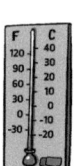

termometer

termómetro

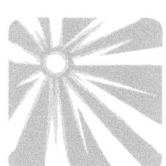

solskin

raios de sol

sky

nuvem

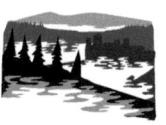

tåge

neblina / nevoeiro

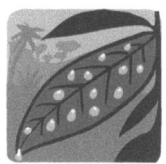

luftfugtighed

humidade do ar

lyn

relâmpago

torden

trovão

storm

tempestade

hagl

granizo

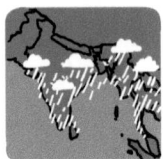

monsun

monção

flod

inundação

is

gelo

januar

janeiro

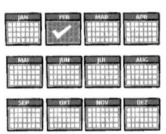

februar

fevereiro

marts

março

april

abril

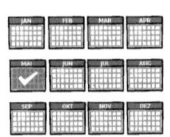

maj

maio

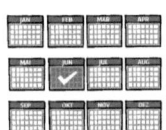

juni

junho

juli

julho

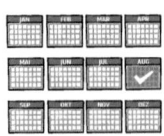

august

agosto

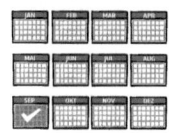

september
....
setembro

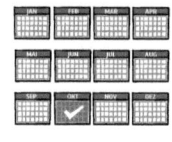

oktober
....
outubro

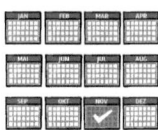

november
....
novembro

december
....
dezembro

former
formas

cirkel
....
círculo

kvadrat
....
quadrado

firkant
....
retângulo

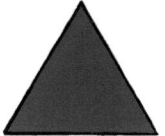

trekant
....
triângulo

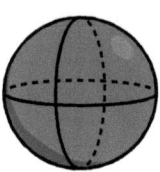

kugle
....
esfera

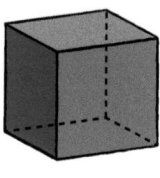

terning
....
cubo

cores

hvid
....
branco

gul
....
amarelo

orange
....
laranja

pink
....
rosa

rød
....
vermelho

lilla
....
lilás

blå
....
azul

grøn
....
verde

brun
....
castanho

grå
....
cinzento

sort
....
preto

meget / lidt

muito / pouco

rasende / fredelig

furioso / calmo

smuk / grim

lindo / feio

begyndelse / slut

princípio / fim

stor / lille

grande / pequeno

lys / mørk

claro / escuro

bror / søster

irmão / irmã

ren / snavset

limpo / sujo

fuldkommen / ufuldkommen

completo / incompleto

dag / nat

dia / noite

død / levende

morto / vivo

bred / smal

largo / estreito

spiselig / uspiselig

comestível / não comestível

vred / venlig

mau / gentil

ophidset / kedet

entusiasmado / entediado

tyk / tynd

gordo / magro

først / sidst

primeiro / último

ven / fjende

amigo / inimigo

fuld / tom

cheio / vazio

hård / blød

duro / macio

tung / let

pesado / leve

sult / tørst

fome / sede

syg / rask

doente / saudável

illegal / legal

ilegal / legal

intelligent / dum

inteligente / burro

venstre / højre

esquerda / direita

nær / fjern

perto / longe

ny / brugt

novo / usado

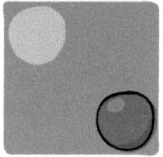

intet / noget

nada / algo

gammel / ung

velho / jovem

tændt / slukket

ligado / desligado

åben / lukket

aberto / fechado

stille / højt

baixo / alto

rig / fattig

rico / pobre

rigtig / forkert

certo / errado

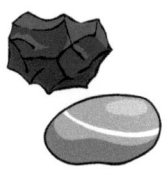

ru / glat

áspero / liso

ked af det / lykkelig

triste / feliz

kort / lang

curto / longo

langsom / hurtig

lento / rápido

våd / tør

molhado / seco

varm / kold

ameno / fresco

krig / fred

guerra / paz

0

nul

zero

1

en

um

2

to

dois

3

tre

três

4

fire

quatro

5

fem

cinco

6

seks

seis

7

syv

sete

8

otte

oito

9

ni

nove

10

ti

dez

11

elleve

onze

12

tolv

doze

13

tretten

treze

14

fjorten

catorze

15

femten

quinze

16

seksten

dezasseis

17

sytten

dezassete

18

atten

dezoito

19

nitten

dezanove

20

tyve

vinte

100

hundrede

cem

1.000

tusinde

mil

1.000.000

million

milhão

engelsk

inglês

amerikansk engelsk

inglês americano

kinesisk mandarin

chinês mandarim

hindi

hindi

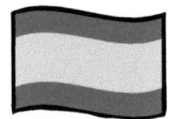

spansk

espanhol

fransk

francês

arabisk

árabe

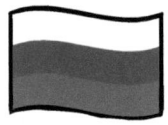

russisk

russo

portugisisk

português

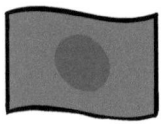

bengalsk

bengalês

tysk

alemão

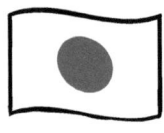

japansk

japonês

jeg

eu

du

tu

han / hun / den / det

ele / ela

vi

nós

I

vós

de

eles / elas

hvem?

quem?

hvad?

o quê?

hvordan?

como?

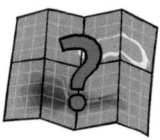

hvor?

onde?

hvornår?

quando?

navn

nome

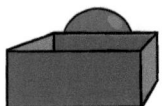

bag
....
atrás

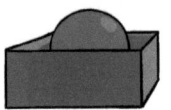

i
....
em

foran
....
à frente de

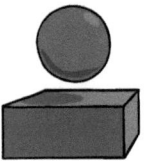

over
....
sobre

på
....
em cima

under
....
debaixo

ved siden af
....
ao lado

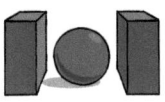

imellem
....
entre

sted
....
lugar